思想者指南系列丛书（中
THINKER'S GUIDE LIBRA

U0615304

如何进行思辨性写作

HOW TO WRITE A PARAGRAPH:
THE ART OF SUBSTANTIVE WRITING

（美）Richard Paul （美）Linda Elder / 著

韩效伟 / 译 王晓红 / 审校

外语教学与研究出版社
FOREIGN LANGUAGE TEACHING AND RESEARCH PRESS
北京 BEIJING

京权图字：01-2019-3649

Original copyright © Foundation for Critical Thinking, 2006
Chinese translation copyright © Foreign Language Teaching and Research Publishing Co., Ltd, 2019

图书在版编目 (CIP) 数据

如何进行思辨性写作 ／（美）理查德·保罗（Richard Paul），（美）琳达·埃尔德（Linda Elder）著 ；韩效伟译. 北京 ：外语教学与研究出版社，2021.2（2024.11 重印）
（思想者指南系列丛书：中文版）
书名原文：HOW TO WRITE A PARAGRAPH: THE ART OF SUBSTANTIVE WRITING
ISBN 9787521323870

I. ①如… II. ①理… ②琳… ③韩… III. ①写作学 IV. ①H05

中国版本图书馆 CIP 数据核字 (2021) 第 034882 号

出 版 人　王　芳
项目负责　刘小萌
责任编辑　万健玲
责任校对　曹　妮
封面设计　孙莉明　彩奇风
版式设计　涂　俐
出版发行　外语教学与研究出版社
社　　址　北京市西三环北路 19 号（100089）
网　　址　https://www.fltrp.com
印　　刷　河北虎彩印刷有限公司
开　　本　850×1168　1/32
印　　张　2
版　　次　2021 年 11 月第 1 版 2024 年 11 月第 7 次印刷
书　　号　ISBN 9787521323870
定　　价　13.90 元

如有图书采购需求，图书内容或印刷装订等问题，侵权、盗版书籍等线索，请拨打以下电话或关注官方服务号：
客服电话：400 898 7008
官方服务号：微信搜索并关注公众号"外研社官方服务号"
外研社购书网址：https://fltrp.tmall.com

物料号：323870001

序言

　　思辨能力，或称批判性思维，由两个维度组成：在情感态度维度包括勤学好问、相信理性、尊重事实、谨慎判断、公正评价、敏于探究、持之以恒地追求真理等一系列思维品质或心理倾向；在认知维度包括对证据、概念、方法、标准、背景等要素进行阐述、分析、评价、推理与解释等一系列技能。

　　思辨能力的重要性是不言而喻的。两千多年前的中国古代典籍《礼记·中庸》曰："博学之，审问之，慎思之，明辨之，笃行之。"古希腊哲人苏格拉底说："未经审视的人生不值得一过。"可以说，文明的诞生正是人类自觉运用思辨能力，不断适应并改造自然环境的结果。游牧时代、农业时代以及现代早期，人类思辨能力虽然并不完善，也远未普及，但通过科学技术以及人文知识的不断积累创新，已经显示出不可抑制的巨大能量，推动了人类文明阔步前进。那么，进入信息时代、知识经济时代和全球化时代，思辨能力对于人类文明整体可持续发展以及对于每一个个体的生存和发展，其重要性更将史无前例地彰显。

　　我们已进入一个加速变化、普遍联系和日益复杂的时代。随着交通技术和信息技术日新月异的发展，不同国家和文化空前紧密地联系在一起。这在促进合作的同时，也导致了更多的冲突；人类所掌握的技术力量与日俱增，在不断提高物质生活质量的同时，也极大地破坏了我们赖以生存的自然环境；工业化、城市化和信息化程度的不断提高，全方位扩大了人的自由空间，同时却削弱了维系社会秩序和稳定的价值体系与行为准则。这一切变化对人类的思辨能力和应变能力都提出了前所未有的要求。正如本套丛书作者之一理查德·保罗（Richard Paul）在其所创办的批判性思维中心（Center for Critical Thinking）的"使命"中所指出的，"我们身处其中的这个世界要求我们不断重新学习，习惯性重新思考我们的决定，周期性重新评价我们的工作和生活方式。简言之，我们面临一个全新的世界，在这个新世界，大脑掌控自己并经常进行自我分析的能力将日益决定我们工作的质量、生活的质量乃至我们的生存本身。"

遗憾的是，面临时代巨变对人类思辨能力提出的新挑战，我们的教育和社会都尚未作好充分准备。从小学到大学，在很大程度上我们的教育依然围绕知识的搬运而展开，学校周而复始的考试不断强化学生对标准答案的追求而不是对问题复杂性和探索过程的关注，全社会也尚未形成鼓励独立思辨与开拓创新的氛围。

我们知道，人类大脑并不具备天然遗传的思辨能力。事实上，在自然状态下，人们往往倾向于以自我为中心或随波逐流，容易被偏见左右，固守成见，急于判断，为利益或情感所左右。因此，思辨能力需要通过后天的学习和训练得以提高，思辨能力培养也因此应该成为教育的不懈使命。

哈佛大学以培养学生"乐于发现和思辨"为根本追求；剑桥大学也把"鼓励怀疑精神"奉为宗旨。美国学者彼得·法乔恩（Peter Facione）一言以蔽之："教育，不折不扣，就是学会思考。"

和任何其他技能的学习一样，学会思考也是有规律可循的。

首先，学习者应该了解思辨的基本特点和理论框架。根据理查德·保罗和琳达·埃尔德（Linda Elder）的研究，所有的推理都有一个目的，都试图澄清或解决问题，都基于假设，都从某一视角展开，都基于数据、信息和证据，都通过概念和观念进行表达，都通过推理或阐释得出结论并对数据赋予意义，都会产生影响或后果。分析一个推理或论述的质量或有效性，意味着按照思辨的标准进行检验，这个标准包括清晰性、准确性、精确性、相关性、深刻性、宽广性、逻辑性、公正性、重要性、完整性等维度。一个拥有思辨能力的人具备八大品质，包括诚实、谦虚、相信理性、坚忍不拔、公正、勇气、同理心、独立思考。

其次，学习者应该掌握具体的思辨方法。如：如何阐释和理解文本信息与观点？如何解析文本结构？如何评价论述的有效性？如何把已有理论和方法运用于新的场景？如何收集和鉴别信息和证据？如何论证说理？如何识别逻辑谬误？如何提问？如何对自己的思维进行反思和矫正？等等，等等。

最后，思辨能力的提高必须经过系统的训练。思辨能力的发展是一个从低级思维向高级思维发展的过程，必须运用思辨的标准一以贯之地训练思辨的各要素，在各门课程的学习中练习思辨，在实际工作中使用思辨，在日常生活中体验思辨，最终使良好的思维习惯成为第二本能。

"思想者指南系列丛书"旨在为教师教授思辨方法、学生学习思辨技能和社会大众提高思辨能力提供最为简明和最为实用的操作指南。该套丛书直接从西方最具影响力的思辨能力研究和培训机构——批判性思维基金会（Foundation for Critical Thinking）原版引进，共21册，包括"基础篇"：《批判性思维术语手册》《批判性思维概念与方法手册》《大脑的奥秘》《批判性思维与创造性思维》《什么是批判性思维》《什么是分析性思维》；"大众篇"：《识别逻辑谬误》《思维的标准》《如何提问》《像苏格拉底一样提问》《什么是伦理推理》《什么是工科推理》《什么是科学思维》；"教学篇"：《透视教育时尚》《思辨能力评价标准》《思辨阅读与写作测评》《如何促进主动学习与合作学习》《如何提升学生的学习能力》《如何通过思辨学好一门学科》《如何进行思辨性阅读》《如何进行思辨性写作》。

由理查德·保罗和琳达·埃尔德两位思辨能力研究领域的全球顶级大师领衔研发的"思想者指南系列丛书"享誉北美乃至全球，销售数百万册，被美国中小学、高等学校乃至公司和政府部门普遍用于教学、培训和人才选拔。该套丛书具有如下特点：其一，语言简洁明快，具有一般英文水平的读者都能阅读。其二，内容生动易懂，运用大量的具体例子解释思辨的理论和方法。其三，针对性和操作性极强，教师可以从"教学篇"子系列中获取指导教学改革的思辨教学策略与方法，学生也可从"教学篇"子系列中找到提高不同学科学习能力的思辨技巧；一般社会人士可以通过"大众篇"子系列掌握思辨的通用技巧，提高在社会场景中分析问题和解决问题的能力；各类读者都可以通过"基础篇"子系列掌握思维的基本规律和思辨的基本理论。

可见，"思想者指南系列丛书"对于各类读者提高思辨能力均大有裨益。为让该套丛书惠及更多读者，外研社适时推出其中文版，可喜可贺。

总之，思辨能力的高下将决定一个人学业的优劣、事业的成败乃至一个民族的兴衰。在此意义上，我向全国中小学教师、高等学校教师和学生以及社会大众郑重推荐"思想者指南系列丛书"。相信该套丛书的普及阅读和学习运用，必将有利于促进教育改革，提高人才培养质量，提升大众思辨能力，为创新型国家建设和社会文明进步作出深远的贡献。

孙有中
2019 年 6 月于北京外国语大学

目录

引言

多数人都能认识到写作是"学生要学会的最重要的技能之一"。然而，写作也是掌握知识的关键，是"学生用以串联已掌握的知识点的一种技能"，认识到这一点的人就很少了。学生要学会某个知识，"必须斟酌细节，思量事实材料，加工初始信息和晦涩难懂的概念，用自己的语言把它们传递给其他人"，认识到这一点的人更是少之又少。换句话说，"学生要掌握知识，就必须进行写作"。美国中小学及大学写作国家委员会最近在一份报告中强调了上述观点（《纽约时报》，2003/4/25）。报告中还说，写作"现今在美国的多数学校被严重忽视"。此外，这篇刊登在《纽约时报》的文章还指出："2002 年针对加利福尼亚大学生的一份调查报告发现，多数新生在写作中不会分析论点、整合信息，无法写出一篇没有语言错误的论文。"

目前，学生写作水平低下，并非因为他们能力欠缺，而是因为他们没有接受过思辨性写作的基础知识培训。他们缺乏写作专业训练和策略指导。造成这种状况，一方面是因为教师对写作与求知之间的关系缺乏清晰的理论认知，另一方面是因为教师投入到作业批改中的时间过多。

批判性思维最基本的理念给上述两个问题的解决提供了理论基础：

1. 该理论把思辨性写作和思维同获取知识结合在一起；
2. 该理论还让我们认识到，可以设计一些不需要一对一师生反馈的写作任务。

本册指南与"思想者指南系列丛书"其他分册相辅相成，尤其与《如何进行思辨性阅读》和《什么是分析性思维》两本指南颇具关联。以上三本指南异曲同工，所提供的方法都能提升学生的学习能力，同时培养其逻辑清晰地表达所学知识的能力。

写作能力的提升，和其他认知能力的获取一样，只能通过掌握扎实的理论和常规训练来实现。只有当学生明白求知与写作之间的关系，并将批判性思维的训练方法应用于日常写作训练中，他们才能不断深化所学内容，逐步提高表达重要观点的能力。

理论篇

本册指南的前提

写作对求知来说是至关重要的一步。倘若一个人无法用写作的形式表达观点，就无法称其为受过教育的人。而学习写作只能通过一段时间的专业训练来培养。与其他复杂的技巧一样，写作也有很多基础知识，在学习写作的过程中必须将之内化，并通过思考加以运用。这本指南将集中讲述一些最重要的基础知识。

带着目的写作

有技巧的作家不会盲目写作，而是带有一定的目的。他们有写作计划、写作目的或者目标。作者的动机和写作的本质（以及他们的境况）决定了他们如何进行写作。写作方式不同，境况不同，写作目的也不同。有一个写作目的可以说是世所公认的：讲述值得一叙之事之值得一叙之处。

总的来说，写作的时候，我们把内心的想法转化为众所周知的词语，把自己的想法和经历以书面的形式呈现出来。将内心所想准确地转化为书面的词语需要一系列的行为，诸如分析、评价和创造。很可惜，善于这种转化的人并不多，而能够筛选、组合词汇，用新合成的文字向读者传达自己意图的人就更少了。

当然，如果写作纯粹为了精神愉快和个人兴致，他人是否领会我们所写的内容就显得无关紧要。我们可以单纯地享受写作本身。在这种情况下，写作只是为了愉悦自己，其他都无所谓。

兹列举几种写作目的：

- 获得纯粹的乐趣
- 表达一个简单的观点
- 传递某个技术性信息

- 说服读者接受某个重要的立场、观点或论点
- 劝说读者思考某种新的世界观
- 阐述某一学科领域的新知（或已知内容）

写作时，人们各自关注的议题也是不同的。请思考以下作者的写作目的有何不同：

- 写政治活动文献的媒体顾问
- 思考如何编写故事来吸引读者的报纸编辑
- 写广告文案的传媒顾问
- 写实验报告的化学家
- 写小说的小说家
- 创作诗歌的诗人
- 写研究报告的学生

很明显，写作目的会影响到作者所需要的以及会使用到的写作技巧。尽管如此，若要培养表达的艺术，讲好值得一谈的事情，我们还是需要掌握一些基本的写作技巧。我们称这样的写作为思辨性写作。掌握思辨性写作技巧会对我们的思想塑造产生深远的影响。例如，它对我们学会如何求知至关重要。同时，它让我们逐步了解自己，让我们能够洞悉自我，还让我们能够从不同维度洞悉人生。

思辨性写作

要学会写有阅读价值的文章，我们需要谨记两点：（1）我有值得写的主题或者观点吗？（2）关于这个主题或观点，我有什么重要的内容要讲吗？

认识到写作目的的多样性之后，我们还要知道：要做到写作内容言之有物、中心观点深刻而有意义，是有一些重要的方法和技巧可循的。这些方法和技巧就是本书的重点所在。

印象式写作存在的问题

印象式思维的人常常想到哪里就写到哪里，从一个段落漫游到另一

个段落，时常无法把所想和所思清晰地区分开来。这样的作者，其写作思路不清晰，导致文章支离破碎。他们缺乏思辨性，以为自己的观点深刻正确，并因此认为在面对针锋相对的观点时无需解释说明。他们自欺欺人，不能看出自己的文章没有章法。他们僵化刻板，不能从所读、所写以及个人经历中学习和提升。

印象式思维的人往往是不加鉴别地吸收知识，夹杂着歧视、偏见、迷信和陈规旧习。这类作者无法洞悉大脑如何创造意义，也不理解善于反思的大脑如何监控和评估写作过程。要想训练写作技能，我们必须走出印象式思维的局限。

反思性写作

与印象式思维的人不同，反思性思维者探求内涵，关注所写的内容，清晰地界定自己的思维和读者的思维。反思性思维者目的明确，写作时会不断调整，以不偏离具体的目标。他们会综合考量，注意在所写文章的观点和已掌握的观点间建立联系。由于审慎挑剔，他们还会仔细估量所写内容的清晰性、准确性、精确性、相关性、深刻性、宽广性、逻辑性、重要性以及公正性。反思性思维者接受新的思维方式，正因如此，他们重视新的观点，并且在写作中不断学习。

善于反思的人通过不断反思来提高其思维水平。同样，他们通过对写作的不断反思提高其写作水平。反思性思维者在写作与思考如何写作之间反复思量，写一点，便回头查阅写得如何。他们不断自我审查思路，确保观点牢靠可信，并能超越自己，上升到更高的视角进行自我审视。这是反思性思维者的思考过程，不仅适用于写作，而且在阅读、聆听或者作决策的时候也都有运用。

这种能力的基础，是懂得如何运转思维写出好文章。例如，如果我知道（或者发现）所写的东西让他人难以理解，我就有意把每个关键的句子解释得通透一点，并给出更多的例证。我会站在读者的角度思考自己正在进行的写作。

反思性思维者建立了一个内在的对话系统，可以边写边对所写的内容进行评定：

- 我对要点的陈述清楚吗？
- 我对要点的解释充分吗？
- 我是否结合个人经历给出了例证，好让读者联想到自己的经历？
- 我是否运用了比喻或者类比，以使读者明白我所讲的内容？

如果我认识到自己的潜在读者可能不赞同我的观点，我会试着帮助他们把他们已有的主要观念和我的观念联系起来考虑。我也会试着把自己放到他们的环境中，去了解他们的看法和世界观。我要让他们知道我理解他们的看法。

写作是对思维的训练

每个人都有思维，但你知道如何开发思维吗？你意识到自己的固有偏见和先入之见了吗？你知道自己的想法多大程度上反映了周围人的观点吗？你认识到你赖以成长的、习以为常的文化环境下的惯性思维对你的思维产生的影响有多大吗？

在通过写作表达他人观点的过程中，你可以走进别人的思维并欣赏其新颖的观点。与他人的思维接触时，你开始发现自己思维的优势和不足。要写出自己的所思所想，必须学会运用二阶思维，也就是说，要跳出你的思维模式来考量你的思维。可是，如何跳出自己的思维模式？

要想做到这一点，必须先明白所有的思维都有八个基本要素（请见下图）。凡思考必有目的，且此目的基于某种视角，而此视角则基于某些假设，这些假设指向不同影响和结果。我们用概念、想法和理论去解释数据、事实和经验，以此来回答问题、处理问题和解决问题。

当我们掌握了这八个基本的推理要素的时候，我们就拥有了强有力的认知工具，这些方法可以使我们站在更高的层面上思考。我们知道，推理的时候，无论推理什么内容，这几部分都包含在其中。这样，作者写作的时候，就不可避免地为某个目的而写，进行推论，在某个视角的框架下思考。同时，读者有读者的视角。他们有自己的目的、问题、假设和观念。对读者的看法理解得越深刻，就越懂得如何向他们解释你自己的逻辑推理。对别人的思维体系理解得越清晰，自己的思路就越通透。

所以，思维会：

- 确立目的
- 提出问题
- 使用信息
- 运用概念
- 作出推论
- 作出假设
- 产生影响
- 体现视角

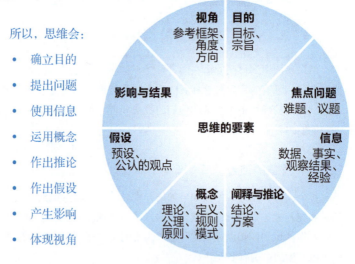

当你边写作边思考自己想要取得的效果，并可以在两者之间有效转换的时候，你的想法就能促进你的写作，你所写的文字对你的思路也会产生影响。当你通过思考意识到有必要改进你的写作时，自然会改变写作方法——也会知道如何提高。

如何写句子

一篇文章里，每个句子都要和其他的句子有清晰的关联。每个句子，乃至句子里的每个词语，都要为这篇文章的写作目的服务。

在学科写作中，句子要和其上下文相关联，并从文章整体上看这些句子是否恰当，这很重要。每写一句话都要问自己：

- 这个句子如何与同段落的其他句子相关联?
- 这个句子如何与整篇文章的构思相关联?

从写作中学习

所有的写作过程都是一个潜在的学习经历。写作是系统地学习某些重要内容的过程。我们在通过写作成为优秀的写作者的过程中,既向别人介绍了事物,也让自己受益匪浅。实际上,通过写作来传授知识,这本身就是最有效的学习方法之一。当我们接受了一些核心思想、一些有实质内容的看法,并通过写作用心思考的时候,我们便能在生活中有效运用这些观念了。

同样,要想学好,就必须写好。提高写作能力,不是靠大量重复低质量的写作,而是依赖于少而精的优质写作。这些少而精的优质写作指的是有实质内容的写作,是包含重要思想的段落或文章,以及使我们的思想建立在有力的观点之上的详细阐述。如果一个人具备了一定的认知技能,可以读懂重要文本,深入了解互相冲突的看法,内化吸收学过的重要观点,并且可以把这些观点应用到生活中,那么这个人完全可以通过写作达到自我教育。或者说,一个受过教育的人一定是一直坚持通过写作来学习的人。为什么这样讲?因为虽说教育始于学校,但却是一个终身的过程。只有不断地整合新的观点,使之融入我们已有的观念,我们的思想才不会刻板、停滞不前。

知识性学科的思辨性写作

为了获得知识,我们必须在大脑里构建知识框架。把我们自己想要内化的内容写出来,可以帮助我们达到这个目的。写作时,如果我们所写的可以相互衔接,我们实际上就已经掌握了这些内容。要做到这一点,就要学会如何确认一本书的核心思想,接着以写作的形式解释这些思想,还要明白这些思想在我们研究的话题里的价值。

所有的知识都存在于意义体系之中,这个体系涵盖相互联系的核心思想、次要思想和边缘思想。我们可以把它想象成一系列同心圆,最中心的小核心圆包含核心思想，中间层的同心圆包含次要思想，外层的同心圆包含边缘思想。处于中心的核心思想可以对次要思想和边缘思想作出解释。每当我们为了获取知识而学习时，应当首先通过写作掌握核心思想，因为这是了解所有其他思想的关键。正如我们必须通过写作初步了解核心思想一样，写作的时候，还要在整个体系内进行思考，并在这个体系的观点之间建立联系。在体系内的思考开始得越早，并因而越早开始动笔写作，对于整个体系的掌握就越快。

因此，掌握了历史领域的核心思想，就可以开始用历史思维思考和写作。掌握了科学领域的核心思想，就可以开始用科学思维思考和写作。核心或主要思想是每个知识体系的关键，是学习任何学科的关键，是记住所学知识并用来解决生活中的问题的关键。不写出这些思想，它们就不会真正扎根于我们的思维。只有找出这些思想，消化吸收它们，可以研究的论题才能增加，关于这些论题可以谈论的要点也才能随之增多。

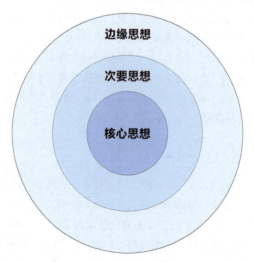

核心观点：对某一领域的核心思想和次要思想进行写作是了解该领域的关键

核心思想间的关联

我们应该通过写作把某一学科或领域中学到的核心思想和其他知识体系的核心思想相关联，因为知识不仅仅存在于单一体系中，还和其他的知识体系相关联。

掌握一套基本观点以后，学习其他的基本观点就容易很多。学会在某个知识体系里思考有助于我们在其他体系里的学习。写作是实现这个过程的关键。

例如，通过学习植物学，我们了解到所有的植物都有细胞。我们可以把这个知识点和在生物学里学到的一个知识点联系起来：所有的动物都有细胞。接着，认识到这个基本的概念同时适用于动、植物之后，我们可以开始思考动物细胞和植物细胞的相似性和差异性。再如，心理学和社会学之间的关系。心理学关注个体行为，而社会学关注群体行为。人们的个体心理影响了他们怎么和群体规范相协调，反过来，社会群体也会影响个体如何处理自己感知到的生活难题和机遇。通过用文字把这两个学科的核心思想表达出来，我们可以更好地理解这两个领域，因此可以更加有效地把知识应用到现实世界（现实世界里心理学和社会学紧密地交织在一起）。

学科写作

正如前面说过的那样，要进行专业学科的写作，就必须认识到所有学科实际上都是思想体系。确实，他们常常是体系之中包含体系。这样，科学领域的思想形成一个大范畴的思想体系（区别于其他的思想体系，例如伦理思想）。科学作为一个大范畴的体系还包含许多子系统（物理学、化学、生物学、生理学，等等）。因而，科学是体系之体系。

科学学科有一套通用的指导科学思维的基本原则。但与之不同的是，有些学科思想体系内部，甚至对最基本的假设都没有达成共识。举个例子，哲学、心理学和经济学都是存在内在冲突的体系。和科学不同（科学学科里，各个体系能够共同合作），哲学、心理学、经济学体系内部为争得学科优势展开激烈竞争，这几个学科内部都包含相互竞争的思想学派，这些学派在思想上存在重大差异。

要想在某一学科领域写出好文章，无论什么科目，都必须学会辨别这个学科体系下的各分支是相互支持（例如，数学、科学），还是彼此冲突（例如，哲学、心理学、经济学）。如果是在一个体系和谐的领域内，作者的任务是弄清各分支之间如何相互支持。如果是在一个体系冲突的领域内，作者的任务则是掌握各分支之间如何相互冲突以及造成这种冲突的原因。当然，在弄清矛盾体系的差异的过程中，也会发现它们有重合交叉的部分。几乎不存在完全绝对势不两立的思想体系，即使有，也是极个别的。

要想检验自己对某一思想体系的掌握情况，应该学会陈述、阐释、援引例证并说明这一体系里最基本的概念。举个例子，研究科学，至少应当能够写出令科学家满意的文章，来讲述对科学定义的理解。研究历史（或任何其他领域），也应当能写出类似水平的文章。除此之外，文章中还要解释不同学科的基本概念是如何交叉重合或彼此冲突的。

写作之运作

由前文可知，写作是认知活动的一种形式。认知活动需要我们在面对重重困难时有坚持不懈的意志。但是，要写出好文章，更重要的是理解什么是认知运作及其与写作的关系。这正是大多数学生欠缺的地方。请看一个类比：写一篇好文章犹如建造一座房子。房子需要地基，房子的其他部分都建在这个地基上。这座房子至少要有一个清晰可辨的入口。房子的第一层要和地基相匹配，第二层要和第一层相匹配，要有楼梯相连，让我们可以从第一层走到第二层。

房子的修建包含设计和建造两个部分，每一部分都必不可少。没人会要求学生无师自通地知道如何设计和建造房子，但有时候我们在写作教学中却认为学生似乎很容易就能掌握谋篇布局并落笔成章。

写作过程中要提出的问题

有技巧的作家会把写作过程视作一个有问有答的主动对话。写作的过程中，他们边写边问，通过提问加深理解，通过提问评估自己的写作，通过提问吸纳重要观点来丰富自己的想法。下面是优秀的作者写作时通常会提出的问题：

- 我为什么要写这篇文章？目的是什么？我想让读者从我这里收获什么？
- 我写出来的东西，是否有哪个部分自己没有真正明白？可能我只是在复述自己的听闻，没有悟透其确切意义。
- 如果有含糊的部分，我如何使之清楚精确？
- 那些我使用的关键词，我真的理解它们的含义吗？是否需要查字典核实？
- 我的措辞是否有特殊的含义或不常见的用法？我是否已经向读者解释清楚了这些特别的含义？
- 我是否确定我所讲的内容都准确？还需要具体解释吗？
- 我清楚自己要表达的要点是什么吗？为什么会认定它很重要？
- 我知道我所写的解答了什么问题吗？
- 我需要再花时间研究我的主题或议题吗？我还需要更多的信息吗？

如果一个人对写作的相关要素一无所知就开始动笔写，写出的文章很可能一塌糊涂。例如，很多学生认为写作本质上是一项被动的活动。他们的写作理论似乎是"脑子里有什么就写什么，一句接着一句，直到篇幅长度达到了要求"。

与之相反，思辨性写作是先选择（构建）一个值得写的主题，接着精心谋划（构建）就此主题有哪些值得表达的内容。这是需要花费心思选择的一项活动。写作的时候需要采取以下五个认知行动来组织材料：

- 选择一个重要的主题或者观点。
- 围绕该主题确定要写的重点内容。

- 解释或详述要表达的基本观点。
- 通过举例帮助读者把你的表达和他们生活中的经历联系起来。
- 通过一个或者多个类比和 / 或比喻帮助读者把你所写的内容和他们生活中的类似经历联系起来。

非思辨性写作

如果没有学习思辨性写作的话，可能所学的只是强调风格、句式和修辞的写作。在我们的文化中，修辞出众的文章往往可能是没有学术价值的。仅仅从修辞的角度考虑，许多思想贫瘠的文章似乎写得还不错。

宣传材料就很具有代表性，非常讲究修辞。政治演讲稿内容空洞无物，在修辞上却有出色的设计。善于诡辩和自欺欺人的人往往精通修辞，写作技巧娴熟。

《纽约时报》一份教育特刊（2002/8/4）介绍了 SAT 考试（美国高中生升入大学前的学业能力倾向测验）中一个新的部分，即"20 分钟写作练习"。该考试要求考生以"总会有然而"为题来写作。照此类推，似乎也可以要求考生写这样的题目："永远会有永远"或者"从来不会有从来不会"。这样的写作要求如同让考生去做罗夏墨迹测验（投射法人格测验），没有清楚的认知性任务，没有需要推理的议题。因此，作者会使用修辞和文体工具武断地阐释，而不会运用认知智慧进行推理。这样写出来的东西往往辞藻华丽，内容空洞。

思辨性写作要求写作者首先有一个重要的、认知性的、明晰的任务。可以在清晰性、准确性、相关性、深刻性、宽广性、逻辑性、重要性、公正性（而不是修辞和华丽的辞藻）等方面对文章进行评估。思辨性写作能让写作者学到有价值的思想。设计这样的写作任务有很多方法，我们会在下文举出一些基本的例子。

实践篇

思辨性写作练习

　　学习了思辨性写作理论之后，接下来要学习的是思辨性写作的实践策略。每种形式的练习都会帮助你更好地进行思辨性写作，练习包括：确定有价值的主题、言之有物地阐释这个主题、清晰准确地进行表达。思辨性写作要求写作者清楚写作的出发点是什么、要达到什么目的，以及如何达到目的。

　　思辨性写作的基础是批判性思维的原则和理念，比如，思维的要素和标准。思维的要素帮我们把思维分解成各个组成部分（目的、问题、信息、推论、概念、假设、影响、视角）。思维的标准使我们能够评价思维（从清晰性、准确性、精确性、相关性、深刻性、宽广性、逻辑性、重要性、公正性几个方面考虑）。知道如何分析和评估思维对于思辨性写作至关重要。这一章节最后两个部分的练习会用到这些批判性思维过程。

　　在引入思辨性思维的写作范例之前，我们先在这一章节挑选和引用一些经典的文本和引语作为介绍思辨性写作的跳板。读完一篇思辨性文章，如果可以理解文章中的主要观点并（以自己的语言和逻辑思维）进行概括，那就表明你已经开始了思辨性写作。

　　这一章节的大多数练习需要使用批判性思维最突出的策略来进行清晰的阐述，包括概述、详述、例证、论证一个观点。学习思辨性写作关键的头几步是：（1）找到一个有价值的主题，（2）围绕该主题发掘有意义的内容，（3）清晰精准地表达出来。思维出色的前提是思路清晰。思路一旦混乱，无论是获取知识还是领会内涵便都无从谈起。

　　释义，即用自己的话重新表达一句话或者一篇文章，是我们倡导的核心。当一个人可以用自己的话语表达出伟人的想法，就能够理解伟人的言论。能够释义就能进一步对事物进行分析和评估。

我们提供了大量的练习模板，难易兼而有之。如果你认为有的练习太具挑战性，可以先跳过，去做别的练习，之后再回来做有难度的练习。我们的目的是帮助学习者从易到难，一路进步，但难易的判定往往因人而异。

最后要说的是，因篇幅有限，我们不能对各种思辨性写作模式面面俱到。但是，我们提供的都是基础性的写作模式，如果你能坚持练习，就会逐步加深对思辨性思维、思辨性学习和思辨性写作的理解。

关于释义

《牛津英语大词典》对"释义"的定义是，用其他文字对一个单词、短语、文章或者作品进行更全面清楚的阐述。对于一个词、一句话、一个篇章，若无法达到用自己的语言表达其意义的程度，说明我们的理解还不到位。通过"想他人之所想"，我们可以吸收别人的观点。要达到这一目的，最好的方法之一就是释义——用自己的语言表达对一个观点、句子或者篇章的理解。

说易行难。要想有效释义一个思辨性句子或段落，必须思考和领会这些文字背后的思辨性思维。没有这种领会，没有对原文思想深刻的理解，就不能用不同的词语充分表达原文的观点。

对一个深刻思想的理解层次因人而异。例如，很多人会说自己已经理解了某个观点，而随后的讨论却证明其实他们没有真正领会这一观点，比如他们不知道这一观点如何在生活中发挥作用，这真是"浅学误人"。事实上，对思辨性句子和段落进行释义练习的人并不多，思考过释义练习重要性的人也不多，也鲜有人懂得释义和思辨性学习之间的重要联系。

想要欣赏精美的作品，如绘画、音乐、小说、诗歌，或者其他智慧创造领域的作品，我们必须对其进行各种形式的体验。对一个重要文本进行深刻的释义，就会对作者的思路有初步的了解，因为释义的过程就是用全新的词汇重新诠释作者的思想。要找到合适的词语来释义，就必须吃透原文的思想，仔细推敲、筛选词汇来进行恰当的表述。

要用新的语言充分表述某一强大的思想，通常需要将其展开来说。这就是为什么说释义一种思想，有时可称之为拆解。原文是简洁的，释义的时候将它拆分，展示各个要点，因此使用的词汇不是少了，而是更多了。

有一点需要清楚：释义没有固定的形式。大多数思辨性思想可以从不同视角出发，用多种方式来表述。因此，释义是掌握思路的一项练习，可以拓展思维，让我们逐步加深理解。在一个被美化了的浮躁世界里，对卓越的思想进行严格的释义练习十分罕见。

请思考下面四个问题，这些问题可以评估写作的清晰性：

1. 可以用一个简单的句子概述你的基本观点吗？
2. 可以换种说法更加全面地详述你的基本观点吗？
3. 可以用你的自身经历例证你的观点吗？
4. 可以用类比或者比喻帮我理解你的意思吗？

以上这些解释策略都需要思辨性写作技能。这部分的写作练习可以帮助你培养解释能力以及其他写作能力。

解释策略

- 可以用一句话清晰地概述一个论点。如果不能用自己的语言准确阐明自己的主要观点，那就说明我们其实并没有真正搞清楚自己想要说什么。

- 可以更加详细地解释主题句。如果不能详细阐述主要观点，我们就不能把它和我们懂得的其他概念联系起来。

- 可以举例说明观点。如果我们不能把所详述的内容和现实世界的具体情况相联系，这样的知识就依然是抽象的，从某种程度上说也是含糊的。

- 可以用比喻、类比、图片、图表或者绘画来阐明论点。如果做不到用以上方法来说明自己构建的观点，那就说明我们没有把自己的理解和其他领域的知识或经验联系起来。

释义范例

在对内容进行更细致的阐释之前，先来看看以下的范例：

被动接受邪恶的人与助长邪恶的人在邪恶程度上并无二致。
——马丁·路德·金

看到不道德的事情发生，有能力干涉却没有采取行动，这样的人也是不道德的，和引发这场罪恶的肇事者没有什么区别。

任何试图将美国精神限定为单一模式，将其限制为单一标准的行为都在背离美国精神。——亨利·斯蒂尔·康马杰

作为美国人没有什么唯一的"正确方式"。如果期待美国国土上所有人有同一种信仰，如果自主思考的人被排斥、被迫害，如果因独立思考而被贴上了"非美国人"的标签，那么对"真正的美国精神"唯一正当的解释就成为空谈。

在一个自由的社会，公共道德的水准只能通过是否有暴力压制，即对人身或者财产的强迫行为来衡量。任何言语、行为或者符号都不应侵犯他人的权利。——小理查德·E. 辛谢尔

自由的社会里，对道德的评判在于是否有对个人或者财产的暴力行为的发生，任何人都无权以保护自己免受惊吓为由干涉他人的生活方式。

唯独自由如此，不给予别人自己也无法得到。——威廉·艾伦·怀特

如果你想要自由，必须允许他人拥有自由。

我不明白为什么人们害怕新思想，我害怕旧思想。——约翰·凯奇

多年来根植于人们思想里的很多想法是危险有害的。旧的想法未必是好的，新的想法未必不好。

政府的合法权力范围只限于阻止对他人造成伤害的行为。
——托马斯·杰斐逊

政府唯一拥有的权力就是制止人们之间的互相伤害。

牧羊人总是试图劝说羊群相信它们的利益和他自己的利益是一致的。——司汤达

掌握权力的人总是想操纵人们，让人们相信对他们自己有利的事情对人民也是好的。

简短引语释义

引语释义的一种方法是先把自己的初步想法写出来，形成评注，再根据评注对引语进行释义。评注中要写出引语讨论的内容及其意义之所在。如果引语的核心内容中有重要的概念——类似下面的两个例子里举出的民主或者权力——释义改写之前要思考透彻。

> **练习一：** 在这部分，我们将给出有深刻内涵的简短引语，请逐一对其释义。释义前请先写出你的初步想法。释义的时候，尽量用更多的文字对引语中的观点进行拆解和详述。下面是两个例子，但不包括初步想法。

例一

原文：民主是人民当家作主。

释义：民主存在的根本是广大普通百姓享有平等的政治权利。这意味着这个国家的所有人应该具有相对平等的权利，在法律的制定中拥有相对平等的决策权。也就是说，一个国家如果只有少数人——无论富人还是名人——享有比他人更多的权利，那么这个国家就没有实现民主。

例二

原文：权力导致腐败，绝对权力导致绝对腐败。

释义：从对他人的控制中得到的好处越多，这种剥削利用他人的习性就越是膨胀，随后便是个人操守和诚信正直的完全丧失。

请练习为下列引语释义：

原文：如果一个人倾其所有以求学问，那么是没有人能拿走这些学问的。知识方面的投资收到的回报总是最丰厚的。——本杰明·富兰克林

释义：_____

原文：如果没有普及教育，普选就会是一场灾祸。——希曼·林肯·韦兰

释义：_____

原文：学校的目标始终应当是：青年人离开学校时，应当拥有健全的人格，而不仅仅是学有所长……学校始终应当把发展独立思考和独立判断的综合能力放在首位，而不是把取得某方面的专业知识放在首位。
——阿尔伯特·爱因斯坦

释义：_____

原文：不要问一个人是否上过大学，要问大学是否走进过他的内心，即他的言行是否能代表大学的气质。——埃德温·哈贝尔·蔡平

释义：_____

在以上练习中，我们通过释义解释了一些重要的引语。在接下来的练习里，我们将用另一种方式深入理解一些重要的段落。

练习二： 请参照以下模板，阐释下文列出的引语：
1. 这段引语的精髓是……
2. 换句话说……
3. 举个例子……
4. 打个比方（或者做个类比），你就更加清楚我的意思了……

例

所有真正的睿智思想，都经过了成千上万次的思索；但要使之真正成为我们自己的智慧，必须实实在在地去思考和体会它，直到它扎根于我们的实践。——歌德

1. 这段引语的精髓是：重要的思想都不是新想出来的，新的是，我们要自己思考去运用它们。我们必须深入思考，反复思考，直到能在我们的生活中运用它们。

2. 换句话说，想要在生活中运用这些思想，不必多么聪慧。所有这些重要的思想很久以前就出现了，在历史长河里也经历过无数次的考量。但是如果我们想要拥有这些思想，就要努力地思考，把这些智慧和个人经历联系起来，用以指导我们的行为。如果我们想活得更好，不必想出新颖独特的观点，只需要学会践行那些现成的思想就可以了。

3. 举个例子，苏格拉底认为：未经审视的人生是不值得一过的人生。纵观历史，很多人说过，如果想要提高自己的生活质量，就要看一看自己的生活方式，就要审视一下自己的行为以及导致你做出不理性行为的原因。然而，几乎没有人严肃思考过这个问题。没有多少人懂得检视自己的生命意味着什么。也没有多少人知道怎样去检视。没有多少人可以把这个观点和个人经历联系起来。能够直面自己的人凤毛麟角。

4. 打个比方（或者做个类比），你就更加清楚我的意思了。每个城市都有图书馆，里面有成千上万册藏书，这些书里都写了重要的观点和经历。然而，这些书绝大多数都被忽视，没有多少人读过。很少有人到图书馆去获取那些能改善他们生活质量的观点。很少有人意识到，与其从大众媒体获取华而不实的（或许还是一知半解的）新观点，不如（从图书馆或者书店）吸纳一些古老而深刻且经过时间检验的重要观点。

请参考上例完成以下练习。

用第 18 页列出的模板框架对下面的引语进行思辨性写作：

- 不能掌控自己的人就没有自由。——爱比克泰德
- 我们的自由是不可分割的，一个人受奴役，其他人都不自由。
  ——德怀特·戴维·艾森豪威尔
- 最无药可救的奴隶，是那些误以为自己自由的人。——歌德
- 安全从来就不是绝对的……为了拥有极权国家所禁止的自由，自由人民政府必须冒些风险。——巴托利尼
- 获得知识的第一步是要知道自己无知。——塞西尔
- 经历的实践越多，就越懂得如何实践。——W. 詹金
- 没有充分理解一个知识，就不算掌握了这个知识。——歌德
- 透彻掌握知识的好办法是将它教授予人。——泰龙·爱德华兹
- 头脑本是贫瘠的土地……除非不断地用新鲜的事物使之肥沃和丰富。
  ——乔舒亚·雷诺兹爵士
- 土地要刨、犁、挖、耙，大脑要思考、反思、检验。——伯克利
- 只要学生有清晰的想法，就不要对他绝望。——纳撒尼尔·埃蒙斯
- 在心胸狭窄者看来，凡是自己力所不能及的都是不对的。
  ——罗什富科
- 两种人通常会在政治上获得成功：没有原则但有天分的人；没有天分，但有且只有一个原则——服从上级命令的人。
  ——温德尔·菲利普斯
- 没有权力的正义形同虚设，没有正义的权力就是暴政。
  ——帕斯卡尔
- 权力永远是从多数人手里被窃取到少数人手里。
  ——温德尔·菲利普斯
- 权力，就像是钻石，看它的眼花缭乱，戴它的夺目璀璨；它让卑贱者变得高贵，让渺小者变得高大，让卑下者拥有权威，让沮丧者得意洋洋。——查尔斯·凯莱布·科尔顿
- 如果严厉处置因生活窘迫而被迫犯罪的人，即使是公正的处罚也失去了正义的外衣。——朱尼厄斯

- 思考是所有工作当中最困难的，想必这就是思考的人如此少的原因。
  ——亨利·福特
- 思想可以产生思想。把一个想法写在纸上，随之会有新的想法出现，一个接一个，直到写完一页……学会思考，你就学会了写作；思考越多，就越擅长表达自己。——乔治·奥古斯塔斯·萨拉
- 想法易支配，结果难左右。——威廉·莎士比亚
- 了解一个人的关键是了解他的思想。——拉尔夫·沃尔多·爱默生

思辨性篇章的释义与解释

在接下来的部分，我们将会集中学习三篇思辨性文章，这三段文字影响了很多热爱思考的人士。你的任务是抓住每篇文章的思想，用自己的语言表达出来。可以在逐句释义之后阅读我们的释义范文。接着，我们将举例说明如何应用前面提及的解释策略来详述文章的论点。阅读我们的范例之前请先构思自己的解释说明。附录中还有一些范例，可以进一步练习。

> **说明：** 用自己的语言改写接下来的三段文字，以检测你对文章的理解。之后，参照对比练习一给出的释义示范。

《活出生命的意义》

背景信息：接下来的片段节选自维克托·埃米尔·弗兰克尔的著作《活出生命的意义》（1959）。弗兰克尔是一名心理学家和神经病学家，曾经被关押在奥斯威辛和其他的纳粹集中营。他研究出"意义疗法"，这一疗法"专注于人类探寻生命的更高层次意义的过程"。

人实际上需要的不是没有紧张感的状态，而是为追求某个有价值的目标而付出的努力和奋斗。人需要的不是不计代价地消除紧张，而是某个有待他去完成的潜在意义的召唤……（人们）找不到生活的意义所在。他们受到内心空虚的困扰，陷入一种内在的虚

无。我把这种症状称作"存在之虚无"……存在之虚无的主要表现是厌倦……为数不少的自杀事件究其根源就是存在之虚无……有时，遭遇挫折的人对意义的追求会通过追求权力（包括追求权力之最原始的形态，即金钱）得到替代性补偿。还有一些时候，遭遇挫折的人对意义的追求会被追求享乐所替代……最终，人不应该追问生命的意义是什么，而必须认识到是生命在向他发问。简单地说，生命向每个人都提出了意义的追问，人必须通过对自己生命的理解来回答生命的追问。对待生命，人只能用担当起自己的责任来回应……（第 166–172 页）

练习一：释义

人实际上需要的不是没有紧张感的状态，而是为追求某个有价值的目标而付出的努力和奋斗。人需要的不是不计代价地消除紧张，而是某个有待他去完成的潜在意义的召唤……

释义：_____

（人们）找不到生活的意义所在。他们受到内心空虚的困扰，陷入一种内在的虚无。我把这种症状称作"存在之虚无"……

释义：_____

存在之虚无的主要表现是厌倦……为数不少的自杀事件究其根源就是存在之虚无……

释义：_____

有时，遭遇挫折的人对意义的追求会通过追求权力（包括追求权力之最原始的形态，即金钱）得到替代性补偿。还有一些时候，遭遇挫折的人对意义的追求会被追求享乐所替代……

释义：_____

最终，人不应该追问生命的意义是什么，而必须认识到是生命在向他发问。简单地说，生命向每个人都提出了意义的追问，人必须通过对自己生命的理解来回答生命的追问。对待生命，人只能用担当起自己的责任来回应……

释义：_____

参照以下的释义示范：

人实际上需要的不是没有紧张感的状态，而是为追求某个有价值的目标而付出的努力和奋斗。人需要的不是不计代价地消除紧张，而是某个有待他去完成的潜在意义的召唤……

释义：人们不应该追求没有压力和挑战的生活，相反，应该积极寻求重要的生活目标。不应该仅仅为了试图缓解生活中的压力而花费时间和精力，而是应该投入精力找到对个人来说重要而有意义的人生追求。

（人们）找不到生活的意义所在。他们受到内心空虚的困扰，陷入一种内在的虚无。我把这种症状称作"存在之虚无"……

释义：人们常常看不到生活中有意义的事情。他们没有积极地追求什么有趣的事情或是给生活带来深远意义的事情。生活似乎变得没有价值，也没有成就感。

存在之虚无的主要表现是厌倦……为数不少的自杀事件究其根源就是存在之虚无……

释义：缺乏重要意义的生活往往导致枯燥乏味、沉闷呆滞、缺乏兴趣、漠不关心。"没有存在感"的状态甚至有时会引发自杀。

有时，遭遇挫折的人对意义的追求会通过追求权力（包括追求权力之最原始的形态，即金钱）得到替代性补偿。还有一些时候，遭遇挫折的人对意义的追求会被追求享乐所替代……

释义：有时当人们未能找到重要的生活意义和目标的时候，他们的精力就用于追求控制和统治。有的人甚至追求最原始的权力形态，也就是为了财富追求钱财。还有的人因追求重要的目标失利转而徒劳地追求享乐。

最终，人不应该追问生命的意义是什么，而必须认识到是生命在向他发问。简单地说，生命向每个人都提出了意义的追问，人必须通过对自己生命的理解来回答生命的追问。对待生命，人只能用担当起自己的责任来回应……

释义：最后要说的是，人们不要试图搞清楚生命的意义，而是要回答这些问题："我能赋予我自己的生命什么意义？我可以为我自己创造什么重要的人生意义？追求什么目标可以让我的人生变得意义非凡？"简言之，人们应该就自己的行为向世人作出解答。每个人都有必要说明自己为什么以及怎样过如此这般的生活。每个人都有责任去追求重要的目标，认真尽责地生活在世上。每个人都要对自己作出的那些影响生活的重要决定负责。每个人都要对自己的幸福负责。

练习二：《活出生命的意义》的论点

说明： 完成以下四项任务：（1）用自己的话概述文章论点；（2）详述论点；（3）举出一个或者多个例子说明论点；（4）用比喻或者类比进一步论证论点。

概述论点

只有找到生活中的重要目标，并且让生活和这些目标一致起来，生活才变得真正有意义。

详述论点

大多数人不知道如何找到生命的重要意义，而是对生活感到厌倦。他们提出类似这样的问题：生命的意义是什么？他们不应该问这样的问题，而应该问：我可以为我自己创造什么重要的人生意义？简而言之，人们往往从自己的外部世界寻求预先设计的生命意义而不是从各种具有挑战的重要目标中挑选一个作为自己生命的意义。

例证论点

人们常常不是寻求真正令人感到满足的目标，而是追求权力、金钱、娱乐和刺激。举个例子，当人们追求权力的时候，他们会竭尽所能地控制他人，认为自己高人一等，以为这就是真正令人感到满足的生命的意义。但是，当人们找到了有意义的、理性的目的时，他们会对生活感到更加满意。很多青少年缺少重要的人生目标，他们寻求一时的满足感，他们从肤浅的关系和活动中寻求娱乐和刺激。由于这种生活方式不会给他们的生活带来任何重要的意义，他们常常转向毒品和酒精以寻求廉价的快感。相反，如果青少年追求对他们来说重要的活动和目标（比如，运动、摄影、写作、政治事业、戏剧），他们就可以找到生命的真正意义。他们就不会对生活感到厌倦，不需要被同龄人接受。他们用自己的努力创造对他们自己而言重要的事情。

论证论点

寻求生命的重要意义就像在牡蛎中寻找珍珠。牡蛎好比是我们人生中的那些障碍物，影响了我们识别重要的目标，妨碍了我们追求值得寻找的珍贵的事物。就是这些平平无奇的灰褐色物质轻易地欺骗了我们。我们只有奋力撬开牡蛎才能求得珍珠。同理，要想找到真正对我们重要的事情，必须战胜重重困难，而回报是耀眼绚丽、真实可信的（对于我们找到真实的自己而言）。

《美国豪门巨富史》

背景信息： 1909 年，古斯塔夫斯·迈尔斯写了三卷本的《美国豪门巨富史》。当时，迈尔斯试图搞清楚并解释美国的富豪是如何获得财富的。在书中，他既没有关注这些人非凡的能力和工作的努力，也没有把巨额的财富和贪婪或道德缺失直接挂钩。他认为，"这些巨额的财富是制度所带来的自然而合乎逻辑的结果"，（这种制度带来的结果是）"为了少数人的利益而对大多数人进行掠夺"，这是经济的和人性的"自然"结果。如他所言，"……我们的大富豪完全是一整套流程下来无法避免的产物，这套流程必定要产生一定的结果"。下面的摘录节选自《美国豪门巨富史》第一章：

> 殖民时期的一些著名的私人财富都源自土地所有权和贸易所得。……土地领主遍布所有殖民地，他们占有辽阔的领地，在这些领地专横独断，在某些地区甚至实施封建统治……几乎所有殖民地都是由持有特许证的公司建立起来的，这些公司纯粹是为了商业目的而组建的。它们能否获得成功，在很大程度上取决于它们能够吸引多少移民。
>
> 这些公司拥有巨大的权力和特权，几乎相当于最高统治者……
>
> 当商业需求必须不惜代价地得到满足的时候，一套系统便立即投入运转：以某种借口从英国穷人阶层征招尽可能多的人，然后用船把他们运到大西洋彼岸，充当契约劳工。那些一贫如洗、地位卑微的英国人，一旦触犯当时极为严酷的众多刑律中的某一条，就会被逮捕、被判罪，然后作为罪犯被运往殖民地，或者卖到殖民地做几年奴隶。英国法院忙得不亦乐乎，为弗吉尼亚的种植园主们打造人力资源……没有任何人提出抗议。（第11–12页）

练习一：释义

殖民时期的一些著名的私人财富都源自土地所有权和贸易所得。

释义：＿＿＿＿＿＿＿＿＿＿＿＿＿＿＿＿＿＿＿＿＿＿

……土地领主遍布所有殖民地，他们占有辽阔的领地，在这些领地专横独断，在某些地区甚至实施封建统治……

释义：＿＿＿＿＿＿＿＿＿＿＿＿＿＿＿＿＿＿＿＿＿＿

几乎所有殖民地都是由持有特许证的公司建立起来的，这些公司纯粹是为了商业目的而组建的。它们能否获得成功，在很大程度上取决于它们能够吸引多少移民。

释义：＿＿＿＿＿＿＿＿＿＿＿＿＿＿＿＿＿＿＿＿＿＿

这些公司拥有巨大的权力和特权，几乎相当于最高统治者……

释义：＿＿＿＿＿＿＿＿＿＿＿＿＿＿＿＿＿＿＿

当商业需求必须不惜代价地得到满足的时候，一套系统便立即投入运转：以某种借口从英国穷人阶层征招尽可能多的人，然后用船把他们运到大西洋彼岸，充当契约劳工。

释义：＿＿＿＿＿＿＿＿＿＿＿＿＿＿＿＿＿＿＿

那些一贫如洗、地位卑微的英国人，一旦触犯当时极为严酷的众多刑律中的某一条，就会被逮捕、被判罪，然后作为罪犯被运往殖民地，或者卖到殖民地做几年奴隶。英国法院忙得不亦乐乎，为弗吉尼亚的种植园主们打造人力资源……

释义：＿＿＿＿＿＿＿＿＿＿＿＿＿＿＿＿＿＿＿

没有任何人提出抗议。

释义：＿＿＿＿＿＿＿＿＿＿＿＿＿＿＿＿＿＿＿

参照以下的释义示范：

殖民时期的一些著名的私人财富都源自土地所有权和贸易所得。

释义：在美国殖民地的早期，有钱人通过拥有土地和从事贸易获取财富。

……土地领主遍布所有殖民地，他们占有辽阔的领地，在这些领地专横独断，在某些地区甚至实施封建统治……

释义：殖民地到处都是拥有大片庄园的庄园主。他们的权力很大，以至于这些土地拥有者实际上就是"主人"，可以对自己领地的居民发号施令，就像中世纪的领主。

几乎所有殖民地都是由持有特许证的公司建立起来的，这些公司纯粹是为了商业目的而组建的。它们能否获得成功，在很大程度上取决于它们能够吸引多少移民。

释义：几乎所有的公司都是通过获得许可证，从美国土著居民那里抢夺土地。这些公司只关心利益。公司的成功取决于从其他地方过来多少人。

这些公司拥有巨大的权力和特权，几乎相当于最高统治者……

释义：这些组建的公司拥有巨大的权力和特权。它们拥有自治权，实际上就是独立经营管理。

当商业需求必须不惜代价地得到满足的时候，一套系统便立即投入运转：以某种借口从英国穷人阶层征招尽可能多的人，然后用船把他们运到大西洋彼岸，充当契约劳工。

释义：由于利益是他们唯一的终极目的，而且他们建立的这套体系需要廉价劳动力，英国开始设计合理的理由强迫穷人到殖民地来，这些人的身份接近奴隶。

那些一贫如洗、地位卑微的英国人，一旦触犯当时极为严酷的众多刑律中的某一条，就会被逮捕、被判罪，然后作为罪犯被运往殖民地，或者卖到殖民地做几年奴隶。英国法院忙得不亦乐乎，为弗吉尼亚的种植园主们打造人力资源……

释义：英国的司法体系成为经济运行的保障工具，让富有的殖民地公司和其主人拥有大量的穷人为自己获取既定利益。穷人触犯任何一条法规，都会被认定有罪并受到严厉的惩罚——常常是发送到殖民地做一定年限的奴隶。

没有任何人提出抗议。

释义：实际上，没有人反对这一残酷且不道德的司法体系。

练习二:《美国豪门巨富史》的论点

概述论点

在早期的美国殖民地,少数人通过剥削英国的穷人获得了大量的财富、土地和权力。

详述论点

早期美国殖民地的主要统治形式不是民主,而是更像封建政权。相对少数富有的殖民者处在社会制度的顶层。他们的公司权力很大,有从英国国王那里获得的特许证。他们拥有绝对的权力和权威,统治某一地区和当地居民。利润是压倒一切的目的。剥夺那些被强权操纵和利用的人的人权是标准做法,他们视之为理所当然。

例证论点

举个例子,在英国,人们会因为轻微的罪行被控告并宣判有罪,其心照不宣的目的是给殖民地提供事实上的奴隶。(这些罪犯被判决,要为国王授权的公司强制劳动。)

论证论点

为了更好地理解这种现象,我们可以对照十七世纪到十九世纪美国有关奴隶的法律制度。为了一个非常明确的目的——地主对财富的追求,无辜的非洲人被聚集起来然后卖为奴隶。使用这些免费的、强迫的劳动力以后,富有的人更加富有,而奴隶们却被剥夺了最基本的人权。在当时的英格兰,权利被剥夺的情况也是一直存在的,被定罪的穷人沦落得像美国的奴隶一样。

《论自由》

背景信息:下面的摘录片段选自亨利·路易斯·门肯 1923 年 12 月 5 日发表在《国家杂志》上的一篇名为《论自由》的文章。门肯在文学、社会和政治批评方面的表现得到学者们的高度称赞。可以说,门肯是美国历史上最杰出的新闻工作者。

我相信自由。当我说自由时,我指的是可想象的最宽泛程度的自由,即达到可实行、可容忍极限的自由。只要可以想出会有一个人们可以自由地做事、谈论和思考的生存之地，我就会反对任何不准他人做、说、想的行为。在我看来，举证的责任始终在警察这边，也就是说，落在立法者、神学家、公正的思想家身上。举证人必须一而再、再而三，反反复复地证明自己的判断，然后还必须从头开始，再进行证明。当我审视这种人的时候，眼睛里满是泪水和偏见。我不会假装对他秉持"公正"的态度——就如同一个基督徒不会假装公正地对待魔鬼。对于这个世界上我所佩服和尊重的一切美好事物——所有使世界变得多样、有趣和迷人的事物来说，他都是敌人。他阻碍一切对真相的诚挚追求。他反对所有的善意和礼节。这种人的理想与驯兽员、大主教，或军队的大将军的想法无异。我会一直站在这种人的对立面，直到最后一个愚昧的人上岸（第 193–194 页）。

练习一：释义

我相信自由。当我说自由时，我指的是可想象的最宽泛程度的自由，即达到可实行、可容忍极限的自由。

释义：＿＿＿＿＿＿＿＿＿＿＿＿＿＿＿＿＿＿＿＿＿＿

只要可以想出会有一个人们可以自由地做事、谈论和思考的生存之地，我就会反对任何不准他人做、说、想的行为。

释义：＿＿＿＿＿＿＿＿＿＿＿＿＿＿＿＿＿＿＿＿＿＿

在我看来，举证的责任始终在警察这边，也就是说，落在立法者、神学家、公正的思想家身上。举证人必须一而再、再而三，反反复复地证明自己的判断，然后还必须从头开始，再进行证明。

释义：＿＿＿＿＿＿＿＿＿＿＿＿＿＿＿＿＿＿＿＿＿＿

当我审视这种人的时候，眼睛里满是泪水和偏见。我不会假装对他秉持"公正"的态度——就如同一个基督徒不会假装公正地对待魔鬼。

释义：＿＿＿＿＿＿＿＿＿＿＿＿＿＿＿＿＿＿＿＿＿＿

对于这个世界上我所佩服和尊重的一切美好事物——所有使世界变得多样、有趣和迷人的事物来说，他都是敌人。他阻碍一切对真相的诚挚追求。

释义：＿＿＿＿＿＿＿＿＿＿＿＿＿＿＿＿＿＿＿＿＿＿＿＿＿

他反对所有的善意和礼节。这种人的理想与驯兽员、大主教，或军队的大将军的想法无异。

释义：＿＿＿＿＿＿＿＿＿＿＿＿＿＿＿＿＿＿＿＿＿＿＿＿＿

我会一直站在这种人的对立面，直到最后一个愚昧的人上岸。

释义：＿＿＿＿＿＿＿＿＿＿＿＿＿＿＿＿＿＿＿＿＿＿＿＿＿

参照以下的释义示范：
我相信自由。当我说自由时，我指的是可想象的最宽泛程度的自由，即达到可实行、可容忍极限的自由。

释义：我相信自由。我的意思是，人们应该拥有完全的自由去做他们想做的事，过他们选择的生活。人们唯一不应该获得的自由是那些不能得到公民社会支持的自由（因为这种自由剥夺了其他人的基本权利）。

只要可以想出会有一个人们可以自由地做事、谈论和思考的生存之地，我就会反对任何不准他人做、说、想的行为。

释义：我相信人们应该有权说出他们的选择，思考他们的选择，做他们所选择的事，只要人们拥有这些权利的时候依旧可以和睦相处。

在我看来，举证的责任始终在警察这边，也就是说，落在立法者、神学家、公正的思想家身上。举证人必须一而再、再而三，反反复复地证明自己的判断，然后还必须从头开始，再进行证明。

释义：任何反对人们说、想、选择等这些基本权利的人，都必须提供确凿的理由说明这些权利为什么必须被剥夺。举证的责任不应落在被指控干了坏事的人这边，而在指控者，在警察、制定法律的政客、宗教领袖和所谓正义的人（即那些自认为掌握真理的人）身上。这些指控的人必须明确地，一而再、再而三，不断地证明某人应该被剥夺基本的权利。换句话说，他们必须证明他们的指控没有任何可质疑的地方。

当我审视这种人的时候，眼睛里满是泪水和偏见。我不会假装对他秉持"公正"的态度——就如同一个基督徒不会假装公正地对待魔鬼。

释义：对于那些认为自己拥有真理并把自己的正义观强加给别人的人，我怀着冷嘲热讽、悲观并且怀疑的态度。因为他们否认人们拥有思考和选择的权利，我认为他们是非正义的。因此，我公开拒绝像支持基本人权的观点那样去支持他们的观点。

对于这个世界上我所佩服和尊重的一切美好事物——所有使世界变得多样、有趣和迷人的事物来说，他都是敌人。他阻碍一切对真相的诚挚追求。

释义：道貌岸然的想法会剥夺他人的基本权利，违背世界上一切美好的东西以及我所推崇的一切值得尊敬的东西。如果没有不同的观点和不同的生活方式，生活就会枯燥无趣、索然无味。

他反对所有的善意和礼节。这种人的理想与驯兽员、大主教，或军队的大将军的想法无异。

释义：因为那些所谓正义的思考者自以为掌握了真理，他们成为人们探究某种情境下的真相的绊脚石，妨碍人们追寻信仰的意义。他们不寻求真理，而是根据自己的信仰体系歪曲真相。他们行事常常背信弃义且缺乏诚信。总之，他们是不道德的。他们想统治和支配人们，并且希望人们顺从地接受他们的统治。

我会一直站在这种人的对立面，直到最后一个愚昧的人上岸。

释义：我坚决地反对这些所谓正义的、假仁假义的思想家，直到这个国家不再产生这种愚蠢粗野的人（这是不可能的，因为愚蠢粗野的人将会源源不断地涌现）。

练习二：《论自由》的论点

概述论点

只要没有真正伤害到他人，就应该允许人们言其所想，想其所思，为其所欲。这才是真正地生活在一个自由而文明的社会里。

详述论点

有些所谓正义的人认为，自己的思考和行动的方式是唯一正确的。这些人的观点狭隘，他们希望别人都按照他们的方式看待问题。他们不允许别人有自主的想法。而且，这些人往往身处权威地位。为了维护自由社会所拥护的个人自由，位高权重者（例如，警察、法官、社会工作者、制定法律的政客）在试图剥夺他人的权利时，必须明确证明这是处理这种情况的唯一合理的办法。但是，这些处于权威地位的人往往自以为是，无法从多个角度审视生活。因此，我们无法相信他们会在某种情境下作出正确的判断或采取正确的行动。

例证论点

举个例子，一些"儿童保护服务"机构的工作人员声称关注儿童的幸福，但与此同时他们却忽略那些有助于更好地为孩子服务的信息。比如，有时候，"儿童保护服务"机构会把孩子带离他们的父母，仅仅因为这些机构的工作人员认为这些父母没有按照他们所要求的程度保持房屋整洁。同时，（由于许多儿童寄养项目的条件不尽如人意）被国家监护的孩子的生活通常会比原先他们和父母待在一起时的生活差很多。处于权威地位的人经常用他们的偏见来评判对错。不知不觉中，他们把自己的个人信念和价值判断强加于人，好像他们自己的观点就代表法律。

论证论点

为了说明门肯在这篇文章中的观点，想象一下空中翱翔的小鸟，无论何时，它们都可以自由地飞往任何想去的地方。再想象一下鸟儿被更强大的动物套住、诱捕、关进笼子。人们本应像鸟儿一样，自由飞翔，按照自己的意愿生活，形成自己独特的思想，追求个人的理想。我们独特而又充满个性的飞行方式、我们各自不同的目的地，以及我们各自独特的观点都让生活丰富有趣。当这种天然的自由被剥夺的时候，我们就像被捕捉的鸟儿一样，被关进笼子里，无法飞翔，所有人都被要求以同样狭隘的、主观臆断的方式行事。

探索相互矛盾的概念

在接下来的部分，我们将展示一组组相互矛盾的概念，这些概念在人类生活中具有重要意义。对这些概念进行评论并找出它们之间的关系，你会发现你已经在进行思辨性写作了。

练习

下面的练习是要辨别那些彼此矛盾的概念并遵循一定的训练方法把它们写出来。请使用如下结构：

1. 找出两个存在潜在矛盾的重要概念。这些概念可能见之于文本，也可能没有。这类文本可以关乎文学、政治、经济、伦理、科学、个人、社会学、历史，等等，如：自由与法律、民主与财富、权力与正义、情感与客观、爱与控制、忠诚与偏见、事实与观念、自由与传统、新与旧、民族主义与国际主义、政客与政治家、理想与现实。

2. 提出由所选概念之间的一个互相矛盾的点所引发的重要的问题。

3. 就上述问题确立一个重要的点，这就是文章的论点。

4. 详述论点。

5. 例证论点。

6. 论证论点。

7. 站到对立面，想出至少一个能站得住脚的反对意见。

8. 对反对意见给出回应（认可任何值得让步的观点）。

思考下面的例子：请注意，在这个例子中，我们引用了文献来支持论点。

1. 找两个存在矛盾的重要概念。这里选择自由和法律这两个概念作为例子。

2. 提出由所选概念之间一个互相矛盾的点所引发的重要的问题。自由和法律之间有这样一个冲突：应该允许人们拥有自由，而立法是防止人们滥用自由。

3. 就上述问题确立一个重要的点。这就是文章的论点。我认为这些法律和这些法律的执行都应该允许最大限度的个人自由，所有剥夺人民基本权利的法律都应该被废除。

4. 详述论点。目前在美国，似乎有越来越多的法律剥夺了人们这样或那样的基本人权。越来越多的行为被视为犯罪，越来越多的人没有伤害他人却被关进监狱。在很多情况下，法律惩罚某些行为，只是因为它们没有得到社会的认可，这样的法律本身就是不道德的。

5. 例证论点。例如，对于自愿的成人行为，许多法律都加以控制。彼得·麦克威廉斯1996年在《你做的事并非与他人无关》一书中写道："现在监狱里有超过七十五万人，这些人所做的事情并没有对他人的身体或财产造成伤害。此外，超过三百万人因为自愿的行为而被定罪并被判假释或缓刑。还有，每年有超过四百万人会因为做一些可能会伤害自己而不会伤害他人的事情而被捕。"在麦克威廉斯的列表中，最常见的自愿的犯罪行为是："赌博、消遣性毒品的吸食、宗教和心理治疗用途的毒品吸食、卖淫、色情淫秽、背叛婚姻（出轨、通奸、非法同居、鸡奸、重婚、一夫多妻／一妻多夫）、同性恋、再生药物的使用、不正规的行医（'庸医！'）、自杀和安乐死、易装癖、不使用安全装置（如摩托车头盔、安全带）、公共场合醉酒、乱穿马路，以及游荡流浪（仅限于没有非法入侵或扰乱治安）。"总之，麦克威廉斯说："只要别人不反对，没有做出伤害他人的身体或财产的事，就应该有权利对自己和自己的财产做任何想做的事。"我同意他的观点。[1]

6. 论证论点。举个例子。我们都知道在公共场合裸体是违反法律的。对于大多数人来说，一想到有人没有穿衣服在公共场合走来走去，就会觉得不快。而在公共场合裸体的行为被认为是不道德的，并已被认定是非法的。但想象一下，如果所有的动物而不仅仅是人类，都被迫穿上衣服来遮盖自己的隐私部位，动物世界将会变成什么样。想象一下所有的马、狗和猫都身穿短裤和衬衫的样子。再想想把动物"裸奔"的行为判成是犯法的——这个想法简直太荒谬了。然而事实是，人类裸体会让我们觉得不安，但动物裸体却不然。可我们也是动物，而人类的裸体也并没有天生自带三分恶心，不会比其他动物的裸体更恶心。

7. 站在一个理性思考（但与你想法不同）的人的立场，至少提出一个问题。若一个有理性的人反对我的观点，他的理由可能是：虽然有很多法律侵犯了人们的基本权利，但是民主社会立法者的出发点是考虑大多数人的想法。如果想在民主社会中避免立法侵犯公民权利，唯一的途径就是教育人们明白什么是不道德的法律，并希望他们能够为争取到更合理的立法而斗争。

8. 对反对意见给出回应（认可任何值得让步的反对意见）。我认可只有当人们接受了教育并因此能够思考复杂的问题时，民主才能发挥作用。我赞同让立法者为大家说话，而不是为立法者自己说话。人们需要参与重要问题的处理并拒绝支持狂热的立法行为。不过，我也认为多数人很容易以一种狭隘社会中心主义的方式去思考，并因此不经意地支持侵犯人权的行为。我认为，美国的《权利法案》应该扩大到包括联合国《世界人权宣言》的全部内容，通过教育，我们的生活将向这两份文件看齐。

1　译者注：本段文字出自彼得·麦克威廉斯的《你做的事并非与他人无关》一书，代表麦克威廉斯的观点。

探求不同学科的重要概念

这一部分的两个练习都是关于不同学科的重要概念。这些概念在学术方面和人们的生活中都具有重要意义。在一些案例中，我们会要求你专注于某一学科的概念本身。通过概述、详述、例证、论证论点，你会发现自己已经开始在所关注的学科领域内进行思辨性写作了。

例如，回答以下问题，将其作为学习生物学思维的练习过程：

- 你能用一个简单的句子概述光合作用吗？
- 你能详述光合作用的过程吗？
- 你能举出一个光合作用的例子吗？
- 你能用类比或比喻来帮助我了解光合作用吗？

同样的四个问题可以用来解释民主、方程式、质量、能量、化学反应、故事中的主人公面临的主要问题、故事的要点等任何重要的概念。每个学科领域都有自己的结构体系或概念体系，必须将这些概念内化理解才能对这个学科有清晰的思路。如果我们可以回答对不同学科基本概念提出的这四个问题，就迈出了掌握这些概念和学科的第一步。

练习一

我们现在采用下面的格式练习阐释一个概念，姑且把这个概念称为"X"。

X 最好定义为：＿＿＿＿＿＿＿＿＿＿＿＿＿＿＿＿＿＿＿

换句话说，＿＿＿＿＿＿＿＿＿＿＿＿＿＿＿＿＿＿＿＿＿

例如，＿＿＿＿＿＿＿＿＿＿＿＿＿＿＿＿＿＿＿＿＿＿＿

打个比方来解释一下，X 就像是＿＿＿＿＿＿＿＿＿＿＿＿

使用上述格式，写下你对五个重要的学科概念的理解。以下重要概念供参考选择：科学、化学、生物学、植物学、地质学、生态学、人类学、社会学、历史学、经济学、政治学、心理学、伦理学、神学、文学、哲学、绘画、雕塑、音乐、工程学、逻辑、数学、物理学。建议使用相关领域的百科全书或其他参考资料（例如教科书）来弄清这些重要

概念的含义。但请务必用自己的话写出这些概念的含义。

写出自己对每个概念的理解，重新阅读（教科书相关部分或其他资料中）对这个概念的相关解释，以此来评估自己的写作。把你所谈到的（和没提及的）内容和教科书里的解释进行仔细比较，就可以认识到对这个概念的初步掌握情况以及存在的优点和不足。

因为每个学科都包含一些重要概念或者条理清晰的观点，它们在学科内起到总领全局的作用，所以重要的是要学会如何通过写作帮助我们内化这些概念。重要概念使我们能够掌握一门学科的整体。在学习从属概念之前，我们应该先掌握这些重要概念。在这一部分，我们提供了一些写作练习实例，帮助读者通过掌握重要概念来"开启"一门学科的大门。下面的练习基于前面的"练习一"。

练习二

借助以下步骤来掌握重要概念的本质：

1. 用一个简单的句子来陈述概念的含义。
2. （换一种说法）陈述这个概念在学科中的重要意义。
3. 举一个关于这个概念（在现实生活中应用）的例子。
4. 给出一个关于这个概念的类比或比喻，并与其他领域的类似概念联系起来。
5. 将这个概念与同一领域的其他重要概念联系起来。
6. 针对第五条举一些例子。

以下是练习上述步骤的参考格式：

1. X 是……
2. 换句话说……
3. 例如……
4. 打个比方来解释一下，X 就像是……
5. 这个概念与学科领域内的以下概念有关系……
6. 以下这些例子可以表明这个概念与其他重要概念的关系……

例一：（以"历史"这个概念为例）

1. 用一个简单的句子来陈述概念的含义。历史就是"故事"的发展过程，或者说是对过去的描述，目的是使人们了解事情发生的起因和经过，以及了解这些之后，如何让我们现在和未来的生活更美好。

2. 陈述这个概念在学科中的重要意义。了解历史这个概念至关重要，它可以使一个人有能力像历史学家一样，从历史的角度思考问题。当我们思考历史性思维的本质时，我们会发现，历史必然是高度选择性的。例如，在任何特定的历史时期，即使只是短短一天这样一段时间内，也有数以百万计的事件发生，这就使那些对"昨天"进行记录的人不得已遗漏了实际发生的大部分事情。关于我们所研究的这段历史时期，没有被记录下来的事件占了绝大多数，任何已经书写的历史都无法涵盖这些事件。因此，历史学家必须经常对这些事件的价值作出判断，以决定哪些内容要在其记录中保留，哪些要删除。这样做造成的结果就是，对于这些事件本身，会有不同的故事和不同的记录，强调事件的不同方面。有的历史学家可能将关注的重点放在伟大且有影响力的政治人物以及军事人物身上，另一些历史学家的关注重点可能是伟大的观点和艺术家，有的研究技术和技术的发展，有的研究重点可能放在了经济学在历史中所发挥的作用上，有的则试图对以上所有历史角度发表一点看法。因为历史总是从某个角度来记录，每个角度的合理性不尽相同，因此历史记录的质量也并不一定相同。一些历史记录能更准确地表现过去的事件，并对这些事件提供更合理的解释。

3. 举一个关于这个概念（在现实生活中应用）的例子。从历史的角度看问题，就是开始将历史与日常生活联系起来。例如，每个人都会在脑海里创造自己的故事，这就是一种历史性思维的形式。认识到这一点，我们就可以开始分析如何讲述自己的生活故事了。可以通过倾听别人对我们生活的叙述来确定我们自已是以何种准确程度来描述过去发生的事情。我们可能会发现我们正在逃避的某些行为的真相。我们可以从他人的视角学到很多东西。

4. **给出一个关于这个概念的类比或比喻，并与其他领域的类似概念联系起来。** 我们可以把历史比作小说。正如历史的重点在于说明过去的一切，所有的小说都会设定某个时间和地点，并对当时当地的生活状况进行一番描述。马克·吐温的《哈克贝利·费恩历险记》向我们描述了十九世纪密西西比河畔的生活风貌。查尔斯·狄更斯的《圣诞颂歌》则向我们展现了十九世纪中叶伦敦富人和穷人的生活状态。从约翰·斯坦贝克的《愤怒的葡萄》中我们可以看出，在二十世纪三十年代遭受干旱的美国，贫苦农民颠沛流离的社会状况（以及大工业对个人苦难的漠不关心）。历史和小说通常都包含人物及其决定和行为，二者通常都会强调决策和 / 或事件造成的结果。

5. **将这个概念与同一领域的其他重要概念联系起来。** 历史与时间、变化、成长、进步、冲突、革命、进化、持久性、社会中心主义、社会习俗、既定利益和权力等概念都相关。要了解历史，就必须了解它是如何与人类寻找生命的意义联系在一起的。过去是开启现在和未来的钥匙。透过历史，我们可以看到成功与失败，荒芜与战争，胜利与苦难，看到事物的开端、发展、转变和结局。

6. **针对第五条举一些例子。** 历史呈现的时间有短有长。我们看到历史中有存在百年或数千年的文明，也看到无处不在的战争和苦难。我们看到强国主宰弱国，看到某些（技术上先进的）群体几乎灭掉了其他群体——例如欧洲人在征服美洲时的主宰地位。

例二:（以"生物学"这个概念为例）

1. **用一个简单的句子来陈述概念的含义。** 生物学是研究所有生命形态的科学，其基本目标是了解生命形态的活动规律，包括生命活动的基本过程和生命形态的组成部分。

2. 陈述这个概念在学科中的重要意义。一旦了解了一种生命形态的基本原理，就可以理解当今世界上存在的一千万种生物的共同特征。例如，无论如何多种多样，所有生命形态都具有以下共同特征：（1）它们都由细胞组成，细胞外由细胞膜包裹，保持细胞内部条件与其周围环境的不同；（2）它们都含有 DNA 或 RNA，提供了生命体发展的物质基础；（3）它们都要经历一个称为新陈代谢的过程，期间通过可预见的化学反应进行能量转化。

3. 举一个关于这个概念（在现实生活中应用）的例子。从生物学的角度思考，就是把世界分为生命物质和非生命物质，并将所有生物看作是复杂生态系统的一部分。从生物学的角度思考，还意味着从结构和功能的角度看待生命物质。无论哪里，只要有生命存在，你都可以探寻它的个体结构，探寻每种结构的功能。

4. 给出一个关于这个概念的类比或比喻，并与其他领域的类似概念联系起来。生物的概念既存在于系统之内，又存在于系统之外，与物理系统中非生物物质的存在方式相似。不仅仅是生物学，寻找"系统"是所有科学的特点。例如，在所有化学家眼中，这个世界都是由原子构成的，各原子团的构成方式也都是可通过研究发现的。此外，这些排列方式使得物质可以从一种状态向另一种状态转变。将一种化学物质混合于或暴露于另一种化学物质中，就可能会产生化学反应，从而生成一种或多种新的化学物质。

5. 将这个概念与同一领域的其他重要概念联系起来。生命形态的概念和生命结构的概念相关联，生命结构（从最小到最大）存在不同层级，例如，有化学分子、细胞器、细胞、组织、器官、有机体、种群、生态群落和生物圈等各个层级的生命。

6. 针对第五条举一些例子。生物学家可以研究特定分子在细胞器结构中的作用，或细胞器在细胞结构中的作用，或细胞在组织结构中的作用，或组织在器官结构中的作用，或器官在有机体结构中的作用，等等。每个层级生命的存在情况都与其他层级的生命有特定的关系。这种多系统的特质使所有科学体系联系起来，形成一个庞大的系统。

进行自主练习：

从一门学科里任意选取重要的概念，并模仿上面的模式对这些概念进行思辨性写作。使用权威的字典、百科全书和／或教材作为参考。记住，这些练习没有唯一的标准答案。关键是对重要概念进行的写作练习是否有助于你培养强大的、深刻的、多维度的思维方式，并将这种思维方式应用到各个学科和论题中。

推理分析

可以通过思辨性写作理解作者的逻辑推理过程，深入了解作者的思想。为了了解作者的逻辑推理过程，请完成下列句子，把续写内容写出来。（完整模板请见附录一）：

- 作者的目的是……
- 作者在文章中所要解决的主要问题是……
- 作者在问题推理中使用的最重要的信息是……
- 作者得出的最重要的推论或结论是……
- 作者在撰写文章时所用的关键概念是……
- 作者推理基于的假设是……
- 作者观点的影响（如果人们认真对待这些观点）是……
- 文章中的主要视角是……

请分别阅读以下两段文摘，用附录一中的模板写出作者的逻辑推理过程。然后，对照每篇文摘后的范例分析，评估自己的习作。

通过思辨性写作进行推理分析（例）

此篇短文后附有本文的推理分析范例。

新闻媒体有可能改革吗？[2]

为了让公众读到不带偏见的文章，世界各地的记者首先应该带着同理心去走近那些他们目前无法认同的世界观。他们应该想象自己是在为那些与他们持有对立观点的读者而写作。他们应该深刻认识到自己的社会中心主义。他们应该像那些具有批判思维的读者那样去评判自己的文章。真这样做的话，一个重要的问题又会随之而来：读者会说他们的文章是"片面的""有失公正的"，是"煽动性的"。由于他们的文章被认为带着个人的主观偏见，他们也会被认为是不负责任的。想象一下：以色列记者在其文章中富有同理心地表达巴勒斯坦人的观点，或是巴基斯坦记者在其文章中富有同理心地表达印度人的观点。

最基本的问题是：记者无法决定其工作的性质和要求。他们不能决定读者想要什么、有什么想法，以及他们仇恨什么、恐惧什么。他们工作的性质和要求取决于社会本身更广泛的特性以及社会成员的信仰、价值观和世界观。人们首先会从自我中心主义和社会中心主义的角度来看待世界，这是人的天性。大多数人对拓宽思路没有兴趣，他们只希望自己固有的信念和价值观受到赞美和认可，就像足球迷都希望他们的主队赢。赢了，他们就会庆祝胜利。要是输了，他们就宁愿有人告诉自己比赛并不重要，或者对方作弊了，或者是裁判黑哨，偏袒对手。

只要社会中绝大多数的人会被那些认同而非质疑他们基本观点和感情的新闻报道吸引，那么报道方的经济收益便不会受到影响。这个逻辑和想要重塑一个国家的饮食习惯差不多。只要大多数人想要高脂肪的加工食品，市场就会向他们出售高脂肪的加工食品。只要大多数人想要那种简单的新闻文章，它们强调自我中心主义、社会中心主义的思想，并以笼统的善和恶来表现这个世界（读者的观点和感情被认为是善，与读者的观点和感情相悖的是恶），媒体就

---

2 摘自《慎知公民指南：如何识别媒体的偏见和宣传》，理查德·保罗、琳达·埃尔德著（加利福尼亚州：狄龙海滩：批判性思维基金会，2003 年）

会为他们提供这样的文章。那些日益加深读者情感，助长偏见的新闻资料创造的利润和收视率会持续不断地增长。

样例分析

这篇文章的主要目的是说明为什么新闻媒体不可能改变他们长期以来形成的有意向观众的先入之见倾斜的做法。

作者要解决的关键问题是："为什么新闻媒体不可能进行改革？"

这篇文章中最重要的信息是：

1. 新闻媒体目前的运作方式和这种方式形成的原因：

   （1）新闻媒体倾向于以与观众的观点相契合的方式报道事件。"大多数人对拓宽思路没有兴趣……就像足球迷都希望他们的主队赢……社会中绝大多数的人会被那些认同而非质疑他们基本观点和感情的新闻报道吸引……"

   （2）主流新闻媒体的根本目的就是赚钱。"只要大多数人想要那种简单的新闻文章……媒体就会为他们提供这样的文章。那些日益加深读者情感，助长偏见的新闻资料创造的利润和收视率会持续不断地增长。"

2. 新闻媒体应如何改变，才能更具有认知责任感：

   （1）新闻媒体必须积极深入不同的世界观。"想象一下：以色列记者在其文章中富有同理心地表达巴勒斯坦人的观点，或是巴基斯坦记者在其文章中富有同理心地表达印度人的观点。"

   （2）新闻媒体必须"深刻认识到自己的社会中心主义"。

这篇文章的主要推论是："只要社会中绝大多数的人会被那些认同而非质疑他们基本观点和感情的新闻报道吸引"，新闻就将继续以偏颇的方式呈现。因为媒体的根本目的是赚钱，而只有人们的社会中心主义观点在新闻中被强调和认同而不是遭到质疑，人们才会买报纸，因而媒体将继续为了迎合观众的观点而扭曲事实。

这篇文章中引导作者推理的关键概念是：充满偏见的新闻和公正的新闻，自我中心主义和社会中心主义，宣传。（每一个概念都应该详细阐述。）

　　作者思路的主要假设是：新闻媒体的驱动力是既定利益，即钱，因此新闻媒体迎合读者的意见，以便卖出更多的报纸。但是与此同时，新闻媒体又必须表现得客观公正。

　　如果这种推理思路是合理的，那么其影响是：公民需要对新闻媒体进行批判性思考，思考媒体为了迎合读者的偏见是如何有组织地去歪曲事件的。人们需要注意自己的社会中心主义观点是如何通过他们阅读的东西而得到强化的。

　　这篇文章的主要视角是：世界上的新闻媒体是营利企业，造成了新闻迎合读者及社会偏见的情况。

　　下面我们再看一个例子（同样用附录一中的模板来分析）。

论伪伦理：社会中心主义外衣下的伦理推理

　　有技巧的伦理思想家能够轻易区分什么是伦理，什么是其他领域的思维，如社会习俗（约定俗成的思维）、宗教（神学思维）、政治（意识形态思维）和法律（法律思维）。这些不同的思维模式往往与伦理混为一谈，比如，很常见的是，一些相差甚远且自相矛盾的社会价值观和禁忌都被奉为普遍的伦理准则。

　　于是，宗教意识形态、社会"规则"和法律往往被错误地认为本质上就是天然地合乎道德。一旦我们把这些领域混为一谈，就意味着认同任何宗教体系中的任何实践活动都是合乎伦理道德的，每个社会规则都是道德责任，每项法律都符合道德常理。

　　如果宗教天然地符合道德规范，那么我们就不能判定任何宗教行为是不道德的——例如折磨无宗教信仰者或将他们活活烧死。同样，如果约定俗成的思维和伦理是一回事，那么任何文化中的每一种习俗都是我们应该遵守的——包括纳粹德国的社会公约。由此，不管社会传统、规范、习俗、禁忌在道德上如何沦丧，我们都不能从道德角度来对其进行谴责。还有，如果法律等同于道德，那么政治家和律师就会被认为是道德上的专家，他们随意胡编乱造的、写进书里的法条就有着道德真理的地位。

因此，把伦理与其他容易和伦理混为一谈的思维模式区分开来是非常必要的。我们必须可以自由评判那些被普遍接受的社会习俗、宗教习俗、政治思想和法律，运用不受上述观念束缚的概念。如果不能做到这点，我们就不可能精通伦理推理。

伦理原则与神学信仰混淆的例子：

- 主流宗教团体的成员有时会把他们的信仰强加于少数宗教团体。
- 宗教团体的成员有时表现得好像他们的神学信仰是不证自明的真理，并鄙视那些持有其他观点的人。
- 宗教团体的成员有时不能认识到"罪"是神学的概念，而不是伦理观念。（这里的"罪"是神学意义上的）
- 不同的宗教对"什么是有罪的"这个问题并没有达成一致（但往往期望他们的观点像普遍伦理一样能强加于其他所有人）。

伦理与社会习俗混淆的例子：

- 许多社会群体把裸露各种不同的身体部位当成禁忌，并严厉惩罚那些犯了此禁忌的人。
- 许多社会群体禁止女性享有与男性同等的权利。
- 许多社会群体从社会层面把宗教迫害合法化。
- 许多社会群体从社会层面把跨种族婚姻污名化。

伦理与法律混淆的例子：

- 某些性行为（如同性性行为）会被不公正地判处终身监禁或死刑（根据某些社会的法律规定）。
- 许多社会实施了不公正的法律，这些法律充满种族主义偏见。
- 许多社会实施了歧视女性的法律。
- 许多社会实施了歧视儿童的法律。
- 许多社会中酷刑和 / 或奴役是合法的。
- 许多社会滥用刑罚来惩处使用某些药物的行为，其他药物的使用却不会被处罚。

样例分析

这篇文章的主要目的是让读者明白，伦理思维不应该与其他思维方式——特别是宗教、社会习俗和法律混为一谈。

作者要解决的关键问题是：伦理思维与其他思维模式有何区别？

这篇文章中最重要的信息是：

1. 伦理原则与神学信仰混淆的例子：主流宗教团体的成员有时会把他们的信仰强加于少数宗教团体。

2. 伦理与社会习俗混淆的例子：许多社会群体把裸露各种不同的身体部位当成禁忌，并严厉惩罚那些犯了此禁忌的人。

3. 伦理与法律混淆的例子：某些性行为（如同性性行为）会被不公正地判处终身监禁或死刑（根据某些社会的法律规定）。

这篇文章的主要推论 / 结论是："把伦理与其他容易和伦理混为一谈的思维模式区分开来是非常必要的。"只有将伦理与其他思维模式区分开来，我们才能从道德角度来评判其他思维模式。

这篇文章中引导作者推理的关键概念是：伦理推理、社会习俗（约定俗成的思维）、宗教（神学思维）、政治（意识形态思维）和法律（法律思维）。

作者思想的主要假设是：伦理道德不应该被其他思维模式所利用或与其他思维模式相混淆，这是非常重要的。很多人不明白伦理道德并不等同于其他思维模式。如果人们认为伦理道德等同于神学、社会学或者法律，那是非常危险的。

如果这种推理思路是合理的，那么其影响是：人们需要理解伦理道德，并且能够在自己脑海中将伦理道德与其他容易与之混淆的思维模式明确地区分开。此外，人们还需要质疑将伦理道德与其他思想领域混淆的常见做法。如果不这样做，宗教习俗、社会习俗和法律就将决定在社会中什么才是道德的。

这篇文章的主要视角是：人们在很大程度上是无法把伦理道德和其他思维模式区分开来的，因此，他们经常使用错误的伦理道德标准来判定人类行为的对错。

推理评估

　　每篇写作的质量都有高下之分。在评估自己所写的文章时，我们可以应用以下认知标准——清晰性、精确性、准确性、相关性、重要性、深刻性、宽广性、逻辑性与公正性。我们也许可以清晰地表明立场，但使用的信息可能是不准确的；也可能使用的信息是相关的，但并没有考虑到问题的复杂性（如没有达到深刻性）；或者论点是合乎逻辑的，但可能并不具有重要性。因此，作为写作者，我们需要善于评价自己的逻辑推理水平。

自主练习

　　使用附录二中的模板来评估前面两个示例（"推理分析"部分）中作者推理的逻辑性。

附　录

文章的逻辑性

了解某一文章、论文或章节的重要方式之一就是对作者的推理过程进行分析。一旦完成了分析，就可以使用一些认知标准来评估作者的推理了。以下是一个可供参考的模板：

（1）这篇文章的主要目的是＿＿＿＿＿＿＿＿＿＿＿＿＿＿＿＿。

（在这部分，要尽可能准确地陈述作者写文章的意图。作者试图达到的目的是什么？）

（2）作者要解决的关键问题是＿＿＿＿＿＿＿＿＿＿＿＿＿＿＿。

（这一步的目的是弄清楚作者撰写文章时所想的关键问题。文章中提到的关键问题是什么？）

（3）这篇文章中最重要的信息是＿＿＿＿＿＿＿＿＿＿＿＿＿。

（要确定作者在文章中使用的或预先假定的用来支持其主要论点的关键信息。在这部分，要找出作者用来支持结论的事实、经验和／或数据。）

（4）这篇文章的主要推论是＿＿＿＿＿＿＿＿＿＿＿＿＿＿＿。

（要确定作者在文章中得出的最重要的结论。）

（5）在这篇文章中我们需要理解的关键概念是＿＿＿＿＿＿＿。通过这些概念，作者想表达的意思是＿＿＿＿＿＿＿＿＿＿＿＿＿。

（要找到这些概念，需要搞清楚：为了理解作者的推理思路，应该知道文中最重要的概念是什么。然后通过这些概念简要阐述作者想要表达什么。）

（6）作者思路的主要假设是＿＿＿＿＿＿＿＿＿＿＿＿＿＿＿。

（问问自己：作者认为理所当然却可能受到质疑的是什么？作者的逻辑思考往往开始于他认为不成文的假设，这些假设是作者认为不必在文章上下文中为之辩护的笼统概括。）

（7a）如果我们认真对待推理思路，那么其影响是_____。

（如果人们认真地对待作者的推理思路，会得到什么结果？在这里，需要去追踪作者立场的逻辑推理产生的影响，既包括作者所阐述的影响，又包括作者没有指出的影响。）

（7b）如果我们不能认真地对待推理思路，那么其影响是_____。

（如果人们忽略了作者的推理，这会带来什么后果？）

（8）这篇文章的主要视角是_____。

（这一步要回答的主要问题是：作者着眼的问题是什么？作者是怎么看待这个问题的？例如，在本册指南中，我们着眼于"写作"，并认为它"需要专业训练和常规训练"。）

如果你真正了解了一篇文章、论文或章节中相互关联的这些结构，你应该能够准确找到作者的思路并成功对作者进行角色扮演。以上是定义所有推理的八个基本结构，它们也是思维的基本要素。

附录二：
评估作者的推理

1. 确定作者的目的：作者的目的是否被清晰地表达或明确地暗示？写作目的合乎常理吗？

2. 确定文章对关键问题的回答：问题是否被清晰表达（或明确暗示）？是清楚并且公正的吗？对问题的表达是否充分考虑到了所讨论话题的复杂性？问题和目的之间是否直接相关？

3. 确定作者提出的最重要的信息：作者所引用的相关证据、经验和 / 或信息对所讨论的问题是否至关重要？信息是否准确？是否切中要点？作者是否说明了问题的复杂性？

4. 确定作者推理核心中的最基本概念：作者是否在必要时阐明了关键思想？这些思想运用得是否恰当？

5. 确定作者的假设：作者是否意识到哪些是想当然的假设，哪些确实是假设（这些假设可能会被质疑得有理有据）？或者，作者所使用的假设是否存在固有的、容易引起他人质疑的问题，但作者并没有加以解决？

6. 确定文章中最重要的推论或结论：作者是条理清晰地从相关信息中得到了结论，还是草率地得出了不合理的结论？对于复杂的问题，作者是否考虑过其他可能的结论？换句话说，作者是否使用了合理的推理思路来得出逻辑结论？你能发现推理过程中的漏洞吗？

7. 确定作者的视角：作者是否清楚其他相关视角或者推理思路？是否考虑并回应了由其他相关视角所产生的异议？

8. 确定影响：作者是否对自己所持的立场将产生的影响和结果了然于胸？

附录三：
句子结构
（教师适用）

英语有五个基本句型，每个学生都应该掌握。这些句子由一个或多个分句组成，如下所示：

英语中有两种分句：独立句和从句，如下：

独立句　主语 + 谓语　Jack went to the library.（杰克去了图书馆。）

从句　　从属连词 + 独立句　Since Jack went to the library（既然杰克去了图书馆）

有三种类型的连接词：并列连词、从属连词和过渡词。

并列连词只有六种：and、or、nor、but、yet、for（和、或、也不、但是、然而、因为）。

从属连词有很多，如：because、if、since、even though（因为、如果、既然、尽管）。把一个从属连词放到一个独立句的前面，这个句子就成了一个从句。

过渡词也有很多，如：however、therefore、nevertheless、of course（然而、因此、不过、当然）。（参见第 55 页的过渡词用法表）。

五大英语句型是：

（1）独立句　Jack went to the library.（杰克去了图书馆。）

（2）独立句 + 并列连词 + 独立句　Jack went to the library, and Frank went with him.（杰克去了图书馆，而且弗朗克和他一起去了。）

（3）独立句 + 从句　Jack went to the library because he wanted to check out a book.（杰克去了图书馆，因为他想查阅一本书）。

（4）从句 + 独立句　Because he wanted to check out a book, Jack went to the library.（因为想查阅一本书，杰克去了图书馆。）

（5）独立句 + 过渡词 + 独立句　Jack went to the library; however, the book he wanted was checked out.（杰克去了图书馆，然而他想要的书被借走了。）

附录四：
如何教学生评估写作
（教师适用）

写作是一种强大的学习方法，然而，许多教师为了躲避大量的评阅工作，一般不会布置写作练习。实际上，所有学科都可以安排有大量写作练习的课程，而无须对所有这些作文进行评阅。要实现这一点，具体做法是：(1)让学生准备一个专门用于写作的练习册；(2)定期要求学生将他们的作文带到课堂上；(3)按照下文讲的活动方法，指导学生完成高质量的同学互评；(4)课前向全班展示、讲解互评模板，告诉他们如何给出评价反馈（使用附录二中的推理评估准则）；(5)定期随机抽选练习册中的文章来评阅。例如，每七篇文章中选一篇来批改。这样，学生就能每天都得到同学的个性化反馈。而教师每天只需向整个班级提供反馈意见，且只需定期选择性地对个别学生进行反馈。

方法一：先简要回顾评阅标准。然后学生三四个人一组，轮流大声地慢慢地朗读他们的文章，并讨论文章在多大程度上达到或没有达到相关的标准。所有的修改建议都必须是建设性的，需要表明每篇文章哪些地方可以改进以及如何改进。

方法二：先简要回顾评阅标准。然后学生四个人一组，选出小组里最好的文章（从清晰性、逻辑性等角度评判，也可以加上其他任何具体标准），然后与另一组一起，从两个小组里选出最好的一篇文章（从两个组的最佳文章中选一篇）。把这些文章（从八人组中选出来的）收上来，读给全班同学听。接着，在教师的指导下进行班级讨论，指出这些文章的优点和不足，然后全班投票（再次提醒：评估过程中要有明确的认知标准），选出今日最佳文章。

方法三：先简要回顾评阅标准。学生三四个人一组，选取三四篇文章（非本小组同学的文章），写出对这些文章的修改建议。所有的建议都必须是建设性的，并要表明每篇文章哪部分需要改进以及如何改进。把这些书面建议反馈给文章作者，然后作者修改原文以备下节课讨论。通过这种方法，每个学生都可以得到来自一个"团队"遵照具体评阅标准给出的建议反馈。

　　方法四：先简要回顾评阅标准。选取一名同学的文章大声地慢慢地朗读给全班听，然后教师带领全班讨论这篇文章有哪些可以改进的地方。所有的建议都必须是建设性的，明确指出文章哪些地方需要改进以及如何改进。这个讨论可以作为范例，后面的评估过程可以参考此例。然后，学生两三人一组，（依照老师给出的范例）对本组同学的文章提出修改建议。

　　学生定期写作以吸收掌握本学科的知识和技能，同时学习如何评估写作、提高写作水平。这个过程中，教师不用承担大量繁重的批阅任务，只需发挥好示范、指导、监督的作用即可。

附录五：
过渡词用法表

连接词	用法	举例
第一组 besides, what's more, furthermore, in addition, for example, for instance, in other words	引出另一个观点	Two postcards are often more effective than one letter. *Besides*, they are cheaper. （两张明信片往往比一封信更有效，而且，它们更便宜。）
	举例	He has lost confidence in his game. *For example*, yesterday he got nervous at the end of the match. （他对比赛失去了信心。比如，昨天他在比赛结束时变得紧张起来。）
第二组 in fact, as a matter of fact, therefore, consequently	强调某个观点	Last week I was ill, *in fact*, I had to stay in bed until Monday. （上周我生病了，事实上，我一直到周一才下床。）
	强调后面的内容	The President vetoed the bill. *Consequently*, it never became a law. （总统否决了这项议案。因此，它从来都没有成为法律。）
第三组 of course, to be sure, though, still, however, on the other hand, nevertheless, rather	表示转折或例外情况	He said he would study all day. I doubt it, *though*. （他说他会一整天都学习，而我对此表示怀疑。）
		I like to paint; *however*, I can't understand modern art. （我喜欢画画，但是我不能理解现代艺术。）
第四组 first, next, finally, meanwhile, later, afterwards, nearby, eventually, above, behind, in short, in brief, to sum up, in summary, in conclusion	按次序、时间或空间顺序组织内容	*First*, drink some fruit juice. *Next*, have a bowl of soup. *Then* eat the quiche. *Finally*, have some pie and coffee. （首先，喝一些果汁。然后，来一碗汤。接着，吃一点蛋奶火腿馅饼。最后，再来点水果馅饼和咖啡。）
	总结观点	Scientists say that we should eat food that has all the proteins, fats, and vitamins we need. *In short*, they recommend a balanced diet. （科学家说，我们吃的食物里应当含有蛋白质、脂肪和人体需要的各种维生素。总而言之，他们建议要饮食均衡。）

参考文献

Frankl, Viktor E. (1959). *Man's Search for Meaning.* NY, NY: Washington Square Press.

McWilliams, Peter. (1996). *Ain't Nobody's Business If You Do: The Absurdity of Consensual Crimes in Our Free Country.* Los Angeles, CA: Prelude Press, pp. 3, 7.

Mencken, H. L. (1923). "On Liberty." *The Nation Magazine.*

Myers, Gustavus. (1907). *History of the Great American Fortunes.* Chicago, IL: Charles H. Kerr & Co.